...RRIÈRES ALGÉRIENNES

CONTRIBUTIONS DIRECTES

ORGANISATION — PERSONNEL — TRAITEMENT
SURNUMÉRAIRES — RÉPARTITEURS
RECRUTEMENT DU PERSONNEL — PROGRAMME DES EXAMENS
AVANCEMENT — VACANCES RÉSERVÉES AUX SOUS-OFFICIERS
SUJETS DE COMPOSITION DONNÉES A L'EXAMEN DE RÉPARTITEUR
MESURES DISCIPLINAIRES
CONGÉS — PASSAGES SUR LES PAQUEBOTS
LANGUE ARABE — RETRAITES

PARIS

Henri CHARLES-LAVAUZELLE

Éditeur militaire

10, Rue Danton. Boulevard Saint-Germain, 118

(MÊME MAISON A LIMOGES)

CARRIÈRES ALGÉRIENNES

CONTRIBUTIONS DIRECTES

CARRIÈRES ALGÉRIENNES

CONTRIBUTIONS DIRECTES

ORGANISATION — PERSONNEL — TRAITEMENT
SURNUMÉRAIRES — RÉPARTITEURS
RECRUTEMENT DU PERSONNEL — PROGRAMME DES EXAMENS
AVANCEMENT — VACANCES RÉSERVÉES AUX SOUS-OFFICIERS
SUJETS DE COMPOSITION DONNÉES A L'EXAMEN DE RÉPARTITEUR
MESURES DISCIPLINAIRES — CONGÉS
PASSAGES SUR LES PAQUEBOTS — LANGUE ARABE — RETRAITES

PARIS
Henri CHARLES-LAVAUZELLE
Éditeur militaire
10, Rue Danton, Boulevard Saint-Germain, 118

(MÊME MAISON A LIMOGES)

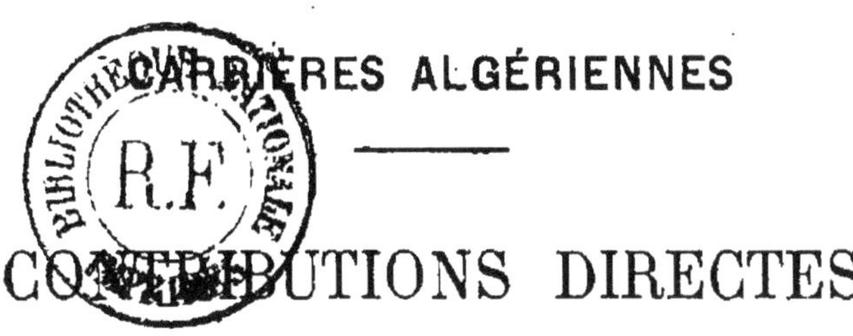

CONTRIBUTIONS DIRECTES

Organisation.

Le service des contributions directes, chargé de l'assiette des impôts directs et des taxes assimilées, ainsi que des impôts arabes, fonctionne en Algérie dans les conditions ci-après :

Le Gouverneur général dirige et assure le fonctionnement du service au moyen tant du personnel mis à sa disposition par le Ministre des finances que des agents du cadre algérien et des employés auxiliaires des directions, dont la nomination lui appartient.

Les fonctionnaires et agents de l'Administration métropolitaine sont mis à la disposition du Gouverneur général, sur sa demande. Ils continuent, en Algérie, à faire partie du cadre du personnel de la métropole et sont, au point de vue de la hiérarchie et de l'avancement, soumis aux mêmes règles.

Le Gouverneur général fixe leur résidence; les propose, quand il y a lieu, pour des avancements de grade ou de classe et peut prendre à leur égard des mesures disciplinaires. Il statue sur les allocations d'indemnités de toute sorte à allouer au personnel.

Le Gouverneur général peut, en motivant la mesure, remettre d'office à l'administration métropolitaine les fonctionnaires et agents mis à sa disposition.

Les agents du cadre algérien et les employés auxiliaires des directions sont nommés par le Gouverneur général et placés sous son autorité exclusive.

Personnel.

Chacun des trois départements comprend :

1° Un directeur, un inspecteur, un

premier commis de direction et un nombre de contrôleurs proportionné aux besoins du service;

2° Des répartiteurs, chargés spécialement de l'assiette des impôts arabes.

Traitements.

1° Les traitements du personnel sont ainsi fixés :

Directeurs .... de	7.000 à	10.000 fr.
Inspecteurs .... de	5.000 à	6.000
Contrôleurs principaux de	3.400 à	5.200
Commis principaux de direction............. de	3.800 à	4.300
Premiers commis de direction................. de	1.800 à	3.000
Contrôleurs.......... de	1.500 à	3.400

Ces fonctionnaires et agents ont droit, en outre, à un supplément colonial équivalent au quart de leur traitement normal. (Loi de finances de 1895.)

En sus de leur traitement, les inspecteurs touchent, à titre de frais de tournée, une indemnité réglée à raison de 125 francs par chaque contrôleur. Cette indemnité ne peut être inférieure à 1.000 francs.

Les contrôleurs reçoivent également, à titre de frais de tournée et de bureau, une allocation fixée ainsi qu'il suit :

Contrôleurs principaux............ 1.000 fr.
Contrôleurs........................ 800

Les contrôleurs adjoints et les surnuméraires ne reçoivent pas d'appointements, sauf les cent plus anciens auxquels est attribuée une indemnité annuelle de 600 francs. Cette indemnité peut, en général, leur être accordée au bout de dix à douze mois de stage.

La durée du surnumérariat est de deux ans au minimum.

2° Le traitement des répartiteurs est fixé ainsi qu'il suit :

Répartiteurs de 1re classe.......... 3.600 fr.
   —   de 2e classe.......... 3.000
   —   de 3e classe.......... 2.700
   —   de 4e classe.......... 2.400
   —   de 5e classe.......... 2.100
   —   de 6e classe.......... 1.800
   —   adjoints............. 1.500

Il est alloué, en outre, aux répartiteurs une indemnité de 1.200 francs par an pour frais de tournées.

Recrutement du personnel.

I. — Surnumérariat.

L'admission au surnumérariat a lieu par voie de concours.

Nul ne peut être admis sur la liste des candidats si, au 1er janvier de l'année pour laquelle la liste est ouverte, il est âgé de moins de 18 ans ou de plus de 24.

Cette dernière limite est étendue toutefois jusqu'à l'âge de 27 ans pour les jeunes gens qui ont accompli plus d'une année de service militaire dans l'armée active.

Le candidat formule lui-même sa demande (sur papier timbré) sous les yeux du directeur des contributions directes du département où réside sa famille et où il réside s'il est orphelin.

Il doit produire à l'appui de cette demande :

1° Une expédition (sur papier timbré) dûment légalisée, de son acte de naissance;

1° Une expédition (sur papier timbré), des autorités du lieu de son domicile, constatant qu'il jouit de la qualité de Français ou qu'il a été naturalisé et qu'il est de bonnes vie et mœurs;

3° L'original du diplôme constatant son admission à l'un des grades de bachelier (classique ou moderne);

· 4° Un certificat (sur papier timbré) des autorités locales, établissant qu'il possède personnellement ou que sa famille s'engage à lui fournir les ressources nécessaires pour subvenir, dans telle résidence que l'Administration croira devoir lui assigner, aux dépenses de toute nature qu'entraîne la situation du surnuméraire;

5° Un certificat (sur papier timbré), dûment légalisé, d'un médecin assérmenté attestant qu'il jouit d'une bonne constitution; qu'il n'est affecté ni de claudication, ni de bégayement, ni de surdité, ni d'aucune autre infirmité ou difformité qui soit de nature à le rendre impropre à un service essentiellement actif et nécessitant des rapports incessants avec le public;

6° Les pièces faisant connaître, si son âge le comporte, sa situation au point de vue du service militaire (sur papier libre).

S'il a effectué son service militaire, il doit produire :

1° L'état signalétique et des services qui est délivré par l'autorité militaire;

2° Une copie, certifiée conforme, du certificat de bonne conduite qu'il aura dû recevoir avant son départ de l'armée.

Les demandes d'admission peuvent être présentées au directeur des contributions directes jusqu'au 30 novembre inclusivement de chaque année (terme de rigueur); celles qui sont produites après cette date n'ont d'effet que pour le concours suivant.

Programme des matières.

Les jeunes gens dont la candidature a été admise subissent un examen qui est divisé en deux parties et qui comprend des épreuves écrites et des épreuves orales.

Les premières sont subies par l'ensemble des candidats autorisés à concourir; les épreuves orales, auxquelles prennent seulement part les jeunes gens déclarés admissibles, ont pour objet de décider de leur admission définitive.

1° *Epreuves écrites.*

Les candidats sont convoqués, pour les épreuves écrites, devant une commission composée du directeur des contributions directes, d'un inspecteur et d'un contrôleur du département où la candidature a été produite. Les commissions départementales siègent le même jour sur tous les points du territoire.

Le programme des épreuves écrites est réglé ainsi qu'il suit :

1° Rédaction sur un sujet donné;

2° Dictée (les candidats ont la faculté d'user des tolérances admises en vertu de l'arrêté du 26 février 1901, relatif à la simplification de la syntaxe);

3° Formation d'états ou de tableaux;

4° Question de mathématiques choisie parmi les matières de l'examen oral.

Les sujets des compositions écrites sont les mêmes pour toutes les commissions d'examen.

Après avoir été corrigées par les membres de la commission, les compositions sont examinées à la direction générale qui revise, s'il y a lieu, les appréciations des différentes commissions. Il est ensuite dressé une liste des candidats admis à subir l'examen oral.

2° *Epreuves orales.*

Les épreuves orales sont subies devant des commissions régionales.

Ces épreuves portent :

1° Sur les mathématiques élémentaires, et notamment sur les proportions, les logarithmes, l'usage des tables, la trigonométrie rectiligne, l'égalité et la similitude des figures, le calcul des surfaces et la mesure des volumes (parallélipipède, prisme, pyramide, tronc de pyramide, cône, sphère, etc.);

2° Sur la théorie de l'arpentage et sur la description raisonnée des instruments généralement employés pour le lever des plans (triangulation et arpentage);

3° Sur l'organisation politique, judiciaire et administrative de la France :

1re *partie* : Lois constitutionnelles de la République française. — Organisation, attributions et rapports des pouvoirs publics. — Pouvoir législatif. — Pouvoir exécutif. — Confection et promulgation des lois. — Décrets.

Principales attributions des ministres, des préfets, des sous-préfets et des maires.

Organisations et principales attributions du Conseil d'Etat, de la Cour des comptes, des conseils de préfecture, des conseils généraux, des conseils d'arrondissement et des conseils municipaux.

Organisation du pouvoir judiciaire : Cour de cassation, tribunaux, cours d'appel, cours d'assises, justices de paix.

2e *partie* : Notions générales sur les divers impôts, sur l'organisation et sur les attributions des services dépendant du ministère des finances.

Principes fondamentaux de la comptabilité publique.

Organisation et attributions de l'administration des contributions directes.

Organisation et attributions du service du recouvrement des contributions directes.

A la suite de l'examen oral, le directeur général arrête, d'après les résultats combinés des épreuves écrites et des épreuves orales, la liste, par ordre de mérite, des candidats admis.

3° *Examens professionnels.*

Les surnuméraires sont soumis à deux examens de degrés différents qu'ils subissent, après chacune des deux premières années de leur stage, à des époques fixées par le directeur général.

Pour être admis à passer chacun de ces examens, les surnuméraires sont tenus de justifier de connaissances pratiques en matière d'arpentage par la production d'un plan d'épreuve qui compte dans les résultats de l'examen et qui comprend :

1° Pour l'examen du premier degré : 25 hectares, avec un minimum de 40 à 50 parcelles;

2° Pour l'examen du second degré : 50 hectares, avec 100 parcelles au moins.

Les surnuméraires qui ont satisfait aux épreuves de l'examen du second degré sont déclarés aptes au grade de contrôleur et pourvus du titre de contrôleur adjoint. Ils sont appelés à la gestion d'une division de contrôle au fur et à mesure des vacances d'emplois; mais ils ne peuvent être nommés titulaires avant l'âge de 21 ans et avant d'avoir satisfait aux obligations du service militaire.

Le candidat qui a subi deux échecs aux examens du surnumérariat ne peut plus se représenter.

De même, tout surnuméraire qui a subi deux échecs consécutifs à un examen professionnel du même degré est rayé des cadres.

Il est tenu compte, pour l'avancement, du temps de service militaire accompli par les agents soit avant leur entrée dans l'administration, soit pendant leur surnumérariat.

II. — Répartiteurs.

Les agents coloniaux adjoints au personnel continental des contributions directes en Algérie, conformément à l'article 2 du décret du 21 novembre 1874, pour être spécialement chargés des opérations relatives à l'assiette de l'impôt arabe, dans les territoires non cadastrés, sont désignés sous la dénomination de répartiteurs.

Ils sont nommés par le directeur général des affaires civiles et financières au nom du Gouverneur général.

Le personnel des répartiteurs est recruté par la voie du concours.

Tout candidat à l'emploi de répartiteur adjoint doit justifier qu'il a eu 20 ans au moins et 30 ans au plus au 1er janvier de l'année du concours. Toutefois, les anciens militaires et les employés civils, ayant au moins cinq ans de stage dans un service de l'Etat, d'un département ou d'une commune, peuvent être autorisés à prendre part au concours, jusqu'à l'âge de 36 ans accomplis.

Les candidats doivent se faire inscrire à la direction générale des affaires civiles et financières, deux mois au moins avant la date fixée pour l'ouverture des examens.

Tout postulant est tenu de produire, à l'appui de sa demande d'admission au concours :

1° Une expédition, dûment légalisée, de son acte de naissance;

2° Un certificat des autorités locales constatant qu'il est Français ou naturalisé Français et qu'il est de bonnes vie et mœurs.

Si le candidat a été militaire, il produira, en outre, son congé de libération; s'il est ou s'il a été employé dans une administration civile, il produira un certificat délivré par le chef du service, attestant qu'il a bien rempli ses fonctions et faisant connaître les motifs de sa sortie de cette administration;

3° Un certificat du médecin désigné par l'administration, constatant qu'il jouit d'une bonne constitution, et qu'il n'est atteint d'aucune infirmité qui le

rende impropre à un service essentiellement actif.

Le directeur général des affaires civiles et financières arrête la liste des
candidats admis à concourir aux emplois de répartiteur adjoint.

Programme.

Le programme de l'examen pour l'admission dans le service des répartiteurs
est arrêté ainsi qu'il suit :

Epreuves écrites.

1° Une page d'écriture faite sous la
dictée, sur papier non réglé. Le candidat pourra en corriger l'orthographe
sur-le-champ, sans toutefois recourir à
aucun livre ni secours étranger;

2° La même page recopiée à main
posée;

3° Analyse grammaticale d'une partie
du texte de la dictée;

4° Etablissement d'états et de tableaux
conformes à un modèle indiqué;

5° Solutions de problèmes sur les éléments de l'arithmétique et de la géométrie;

6° Solutions de questions sur la géographie de la France et de l'Algérie;

7° Rédaction d'une lettre ou d'une note sur un sujet donné;

8° Traduction d'une lettre arabe facile;

9° Dessin et lavis d'un plan.

Epreuves orales.

Les épreuves orales portent sur :

1° Les éléments de la grammaire française;

2° Les éléments de l'arithmétique, fractions ordinaires et décimales, proportions et système métrique;

3° Les éléments de la géométrie et de l'arpentage;

4° Les éléments de la comptabilité;

5° Les éléments de la langue arabe, notions de grammaire et conversation.

Les examens ont lieu au chef-lieu de chaque département.

Les appréciations de la commission

sur le résultat de l'examen des candidats pour chacune des épreuves de l'examen écrit et chaque paragraphe de l'examen oral, sont exprimés par des chiffres qui ont respectivement la signification ci-après :

<pre>
0 . . . .   Néant.
1 . . . .   Très mal.
2 . . . .   Mal.
3, 4 . . . .   Médiocrement.
5, 6, 7 . . . . . .   Assez bien.
8, 9 . . . .   Bien.
10 . . . .   Très bien.
</pre>

Les procès-verbaux de l'examen sont adressés au directeur général des affaires civiles et financières, qui fixe le classement et arrête la liste des candidats admissibles.

Les candidats qui ont échoué à un premier examen peuvent être autorisés à se représenter une seconde fois. Après deux échecs, ils sont radiés des listes d'admission au concours.

Avancement.

Le personnel du service des répartiteurs comprend des répartiteurs adjoints et des répartiteurs titulaires, ces derniers divisés en six classes.

Nul ne peut être nommé répartiteur titulaire s'il n'a été au moins une année répartiteur adjoint et si, après ce stage, il n'a été reconnu apte à entrer définitivement dans les cadres du service.

La durée du stage, dans chaque classe des répartiteurs, est de deux ans au moins.

Vacances réservées aux sous-officiers.

La loi du 21 mars 1905 réserve les trois quarts des vacances dans l'emploi de répartiteur aux sous-officiers de toutes armes qui ont accompli au moins dix ans de service et qui ont obtenu, en raison de leur manière de servir, l'avis favorable du conseil de régiment, ainsi qu'un certificat d'aptitude professionnelle.

Conditions à remplir : Dictée. Connaître la comptabilité du service des contributions directes, géographie de la France et de l'Algérie. Parler l'arabe. Avoir des notions de géométrie et d'arpentage.

Sujets de compositions données à l'examen de répartiteur.

I. — EXAMEN ÉCRIT.

1° *Dictée.*

Le Capricieux (une bonne page).

2° *Rédaction française.*

Taxes municipales : loyers; prestations en nature; chiens. Donner les exemptions à ces taxes. Insister spécialement sur les obligations du répartiteur pour le recensement relatif à ces taxes.

3° *Géométrie et arpentage.*

I. — Construire un triangle, connaissant les trois côtés A, B et C.

II. — Définitions de la circonférence, du cercle, du rayon, du diamètre, du secteur, du segment, de l'arc.

III. — Trouver l'aire d'un triangle qui a $3^m,40$ de base et $2^m,70$ de hauteur.

4° *Géographie.*

I. — Quels sont les cinq ports militaires de France, en indiquant les départements dans lesquels ils se trouvent et leurs chefs-lieux? Quel est le plus grand port de commerce de France?

II. — Indiquer les départements baignés par la Méditerranée avec leurs chefs-lieux.

III. — Indiquer en combien de départements est divisée l'Algérie, leurs chefs-lieux et les chefs-lieux d'arrondissement, en indiquant ceux qui sont ports de mer.

IV. — Division politique de l'Algérie. Par quelles autorités les différentes subdivisions sont-elles administrées? Qu'est-ce qu'une commune mixte? Une commune de plein exercice? Une commune indigène?

II. — EXAMEN ORAL.

1° Interrogations sur les contributions directes en général et les impôts arabes en particulier.

2° Arabe parlé : tenir une conversation, avec un interprète militaire, sur les obligations du répartiteur.

DISPOSITIONS COMMUNES

Mesures disciplinaires.

Un arrêté gouvernemental du 9 février 1889 a institué à Alger un conseil de discipline pour donner son avis sur toutes les propositions soumises au gouverneur général et comportant certaines peines disciplinaires.

Un nouvel arrêté du 1ᵉʳ septembre 1896 a fixé ainsi qu'il suit la procédure à suivre devant ce conseil.

Les peines sur lesquelles le conseil de discipline institué à Alger par arrêté du 9 février 1889 est appelé à se prononcer sont les suivantes :

1° La révocation;
2° Le licenciement;
3° La mise en disponibilité;
4° Le retrait d'un grade ou d'une classe.

Ce conseil est composé comme suit :

Le secrétaire général du gouvernement, président;

Deux conseillers de gouvernement;

Un chef de bureau du gouvernement général;

Un fonctionnaire ou employé du même service et d'un grade égal à celui du fonctionnaire ou employé déféré au conseil.

Congés.

Les congés sont accordés par le gouverneur général, sur la proposition des directeurs.

Les dispositions des articles 16 et 17 du décret du 9 novembre 1853, portant règlement général pour l'exécution de la loi du 9 juin 1853, sur les pensions civiles, sont applicables aux titulaires de congés.

Il y a deux sortes de congés :

1º Congés pour affaires personnelles;

2º Congés pour cause de maladie.

Les fonctionnaires et agents des contributions directes ne peuvent obtenir, chaque année, un congé de plus de quinze jours sans subir une retenue. Toutefois, un congé d'un mois sans retenue peut être accordé à ceux qui n'ont joui d'aucun congé pendant trois années consécutives.

En cas d'absence pour cause de maladie dûment constatée, le fonctionnaire ou l'agent peut être autorisé à conserver l'intégralité de son traitement pendant un temps qui ne peut excéder trois mois. Pendant les trois mois suivants, il peut obtenir un congé avec la retenue de la moitié au moins et des deux tiers au plus du traitement.

Les prolongations de congés sont accordées par le fonctionnaire qui a accordé le congé primitif.

Le traversée à l'aller et au retour n'est pas comprise dans la durée des congés.

Le fonctionnaire ou l'agent qui s'est

absenté ou qui a dépassé la durée de son congé sans autorisation peut être privé de son traitement pendant un temps double de celui de son absence irrégulière.

Passages sur les paquebots.

Ont droit au passage au compte du budget du gouvernement général de l'Algérie, sur les paquebots faisant le service de la correspondance entre la France et l'Algérie :

1° Les fonctionnaires, agents et employés appartenant au service des contributions directes et du cadastre, lorsqu'ils sont nommés en Algérie ou qu'ils sont mis à la retraite, réintégrés dans les cadres de l'Administration métropolitaine, ou licenciés autrement que par mesure disciplinaire;

2° Les femmes et enfants, les pères et mères desdits fonctionnaires et agents, lorsque ceux-ci sont nommés en Algérie, sont mis à la retraite, réintégrés dans les cadres de la métropole, licenciés autrement que par mesure disciplinaire, ou décédés en activité de service dans la colonie;

3° Les fonctionnaires, agents et employés, lorsqu'ils sont porteurs d'un congé, et après un séjour consécutif de deux ans dans la colonie;

4° La femme et les enfants qui accompagnent le chef de famille, muni d'un congé, et après deux années de séjour en Algérie.

Le classement à bord des fonctionnaires, agents et employés auxquels l'article 1er ouvre le droit au passage gratuit est fixé comme suit :

La 1re classe est accordée à tout fonctionnaire ou agent dont le traitement (y compris, s'il y a lieu, le supplément colonial) est de 4.000 francs et au-dessus.

La 2e classe est accordée à ceux dont le traitement n'atteint pas le chiffre de 4.000 francs.

Les agents inférieurs et employés sont placés en 3ᵉ classe.

Le classement à bord des fonctionnaires et agents s'étend de droit à tous les membres de leur famille voyageant au compte de l'Etat, même lorsque ceux-ci sont embarqués isolément.

Ont droit également au passage aux frais de l'Etat la femme ou les enfants des fonctionnaires et agents, en cas de maladie personnelle dûment constatée, et après un séjour consécutif de deux ans dans la colonie.

Dans ce cas, le passage de la mère entraîne le passage des enfants au-dessous de 15 ans et, réciproquement, le passage d'un enfant au-dessous de 15 ans entraîne le passage du père ou de la mère.

Les passages sont délivrés, par délégation du Gouverneur général, par les préfets des trois départements, à charge par ces fonctionnaires d'en rendre compte à l'expiration de chaque mois.

Les fonctionnaires et agents non

pourvus d'une autorisation de passage gratuit bénéficieront du rabais consenti par les Compagnies au profit de l'Administration, sur le prix du tarif commercial. Le bénéfice de cette réduction est étendu à leurs femmes, enfants, ascendants et domestiques.

Langue arabe.

Les agents des contributions directes qui justifient de la connaissance de la langue arabe devant le jury d'examen institué par le décret du 4 décembre 1849 sont appelés à recevoir, suivant leur degré de capacité, une prime annuelle de 500 francs ou de 300 francs. (D. 4 avril 1871-14 mai 1875.)

PROGRAMME DES EXAMENS.

1ʳᵉ classe : Prime de 500 francs : 1° Exercice d'interprétation orale, en français et en arabe, sur tous les points du service en général. — Narration d'un fait, explications, détails sur l'administration; 2° Lecture et traduction orale et par écrit d'arabe en français. — Une lettre très difficile et un passage d'ouvrage arabe manuscrit que les membres du jury déterminent. — Traduction écrite du français en arabe. — Une proclamation ou un document d'au moins vingt lignes en français.

Une heure sera accordée pour cette épreuve.

2e classe : Prime de 300 francs : 1° Interprétation orale sur les points ordinaires du service. — 2° Lecture et traduction orale et par écrit d'une lettre arabe d'un style simple. — 3° Traduction, par écrit, du français en arabe d'une lettre ou d'un avis d'un ordre d'idées assez simple.

Les pièces à traduire pourront être préalablement soumises, pendant un quart d'heure, à l'examen des candidats. On pourra faire usage du dictionnaire.

Retraites.

Les fonctionnaires et agents des contributions directes ont droit à une pension de retraite conformément aux dispositions de la loi du 9 juin 1853.

Le droit à la pension de retraite est acquis par ancienneté à 60 ans d'âge et après trente ans de services accomplis.

Néanmoins, il suffit de 55 ans d'âge et de vingt-cinq ans de services pour obtenir 'une pension.

La pension est basée sur la moyenne des traitements dont l'ayant droit a joui pendant les six dernières années d'exercice.

La pension est réglée, pour chaque année de services civils, à un soixantième du traitement moyen.

Après vingt-cinq ans de services, elle est de la moitié du traitement moyen, avec accroissement, pour chaque année en sus, d'un cinquantième du traitement.

Les services militaires concourent avec les services civils pour établir le droit à pension et sont comptés pour leur durée effective, pourvu, toutefois, que la durée des services civils soit au moins de douze ans.

Si les services militaires sont déjà rémunérés par une pension, ils n'entrent pas dans le calcul de la liquidation.

Le supplément accordé à titre 'de traitement colonial n'entre pas dans le calcul du traitement moyen.

Peuvent exceptionnellement obtenir une pension, quels que soient leur âge et la durée de leurs services :

1° Les fonctionnaires et agents mis hors d'état de continuer leurs services, soit par suite d'un acte de dévouement dans un intérêt public ou en exposant leurs jours pour sauver la vie d'un de leurs concitoyens, soit par suite de lutte ou combat soutenu dans l'exercice de leurs fonctions;

2° Ceux qu'un accident grave, résultant notoirement de l'exercice de leurs fonctions, met dans l'impossibilité de les continuer.

A droit à pension la veuve du fonctionnaire qui a obtenu une pension de retraite ou qui a accompli la durée de services exigée, pourvu que le mariage ait été contracté six ans avant la cessation des fonctions du mari.

La pension de la veuve est du tiers de celle que le mari avait obtenue ou à laquelle il aurait eu droit.

TABLE DES MATIÈRES

Paris et Limoges. — Imp. milit. Henri Charles-Lavauzelle

Librairie Militaire H. CHARLES-LAVAUZELLE
Paris et Limoges

CARRIÈRES COLONIALES

CARRIÈRES MARITIMES

Marine nationale. Programme des conditions requises pour l'obtention du grade d'enseigne de vaisseau, sans passer par les Ecoles navale ou polytechnique. — Brochure in-18 de 22 pages (2e édition)...................... » 50

Les mécaniciens de la marine de l'Etat (Ecole des ouvriers mécaniciens de Lorient, engagements volontaires, apprentis mécaniciens, élèves mécaniciens). Conditions d'admission, programme des connaissances exigées. — Brochure in-18 de 64 pages............. » 75

Loi du 24 décembre 1896 sur l'incription maritime, modifiée par la loi du 28 janvier 1898. Texte revu, commenté et précédé d'un court historique de l'institution de l'inscription maritime (mise à jour jusqu'au 1er janvier 1904). — Brochure in-18 de 112 pages. 1 25

Ecole des mousses de la marine nationale. But de l'Ecole, conditions d'admission; régime de l'Ecole et règlement intérieur. — Brochure in-10 de 52 pages...................... » 75

Programmes des conditions d'admission au brevet de *capitaine au long cours* et aux diplômes *d'officier* et *d'élève de la marine marchande*. —Brochure in-18 de 78 pages. 1 »

CARRIÈRES ALGÉRIENNES

Contributions directes. Organisation. Personnel. Traitements. Recrutement du personnel. Programme des matières. Répartiteurs. Programme. Avancement. Mesures disciplinaires. Congés. Passages. Retraites. — Brochure in-18...................... » 75

Contributions diverses. Organisation. Personnel. Récrutement. Programme des matières. Avancement. Uniforme. Mariage. Mesures disciplinaires. Congé. Passages. Retraites. — Brochure in-18...................... » 75

Le Catalogue général de la Librairie Militaire est envoyé gratuitement à toute personne qui en fait la demande à l'éditeur Henri CHARLES-LAVAUZELLE.